J MIT
Daning, Tom.
Mitologi?a China

S0-AVU-213

DATE DUE

$23.95

HISTORIETAS JUVENILES:
MITOLOGÍAS ™

MITOLOGÍA CHINA

Los cuatro dragones

Tom Daning

Traducción al español:
José María Obregón

PowerKiDS press. & **Editorial Buenas Letras**™
New York

Published in 2009 by The Rosen Publishing Group, Inc.
29 East 21st Street, New York, NY 10010

First Spanish Edition

Editors: Julia Wong and Daryl Heller
Spanish Edition Editor: Mauricio Velázquez de León
Book Design: Greg Tucker
Illustrations: Q2A

Library of Congress Cataloging-in-Publication Data

Daning, Tom.
  [Chinese mythology. Spanish]
  Mitología China : los cuatro dragones / Tom Daning ; traducción al español: José
María Obregón. – 1st ed.
       p. cm. – (Historietas juveniles. Mitologías)
  Includes index.
  ISBN 978-1-4358-3326-5 (pbk.) – ISBN 978-1-4358-3327-2 (6-pack)
  ISBN 978-1-4358-8566-0 (hc.)
  1. Mythology, Chinese–Juvenile literature. 2. Legends–China–Juvenile literature. 3.
Folklore–China–Juvenile literature. I. Title.
  BL1825.D3518 2007
  398.20931'0454–dc22
                                                    2008054174

Manufactured in the United States of America

CONTENIDO

PERSONAJES PRINCIPALES

Long-wang *nombre de todos los dragones de la mitología china. Los dragones estaban a cargo de el agua en el mundo. Los cuatro dragones Long-wang eran: Dragón Amarillo, Dragón Largo, Dragón Perla y Dragón Negro.*

El Emperador de Jade *(Yu Huang) era el gobernante del mundo entero. Todos los otros dioses trabajaban para el Emperador de Jade.*

Dios de los océanos *(Yi-qiang) era también dios del viento. En el agua se convertía en pez y montaba dos dragones. En el aire se convertía en ave.*

Dios de las montañas *(Tai-yue Da-di) se encargaba de la Tierra y todos sus habitantes. Mantenía registros de nacimiento y de muerte de todos los habitantes de la Tierra.*

LOS CUATRO DRAGONES

HACE MUCHOS AÑOS NO HABÍA RÍOS EN CHINA. EL AGUA SALADA DEL MAR ERA TODO LO QUE TENÍAN.

¡AMARILLO, PERLA, NEGRO Y DRAGÓN LARGO, JUNTOS CANTAMOS NUESTRA CANCIÓN!

¡LIBRES Y CONTENTOS VIVIMOS CANTANDO Y BAILANDO EN EL OCÉANO!

CUATRO DRAGONES **DESPREOCUPADOS** VIVÍAN EN EL OCÉANO. ÉSTOS ERAN DRAGÓN AMARILLO, DRAGÓN PERLA, DRAGÓN NEGRO Y DRAGÓN LARGO.

UN DÍA, LOS DRAGONES DECIDIERON IR A DIVERTIRSE EN EL CIELO.

OCHO, NUEVE Y DIEZ. ¡AHÍ LES VOY!

CUANDO DRAGÓN PERLA ABRIÓ LOS OJOS VIO ALGO TERRIBLE.

¡MIREN!

EN LA TIERRA NO HABÍA LLOVIDO EN MUCHO TIEMPO Y LA GENTE PEDÍA LLUVIA.

LA GENTE TENÍA HAMBRE Y SED. NO TENÍA AGUA PARA BEBER.

SIN AGUA LOS CULTIVOS NO PODÍAN CRECER.
LA GENTE NO TENÍA NADA PARA COMER.

LOS ANIMALES TAMBIÉN MORÍAN.

ASÍ, LOS BUENOS DRAGONES VIAJARON POR ENCIMA DE LAS NUBES HASTA EL PALACIO DEL PODEROSO EMPERADOR DE JADE.

LOS DRAGONES LLENARON SUS
BOCAS CON AGUA SALADA.

LA LLUVIA LE DIÓ A LA GENTE AGUA PARA BEBER.

LAS COSECHAS COMENZARON A CRECER. LA GENTE TENÍA NUEVAMENTE COMIDA PARA COMER.

LOS ANIMALES SE RECUPERARON.

LA GENTE ESTABA MUY **AGRADECIDA** POR LA LLUVIA.

LOS DRAGONES **CELEBRARON**. PERO NO SE DIERON CUENTA QUE EL DIOS DE LOS OCÉANOS LOS ESTABA MIRANDO.

EL DIOS DE LOS OCÉANOS LE CONTÓ AL EMPERADOR DE JADE LO QUE HABÍA SUCEDIDO.

¡LES ENSEÑARÉ A ESOS DRAGONES A NO ENTROMETERSE EN MIS ASUNTOS!

EL EMPERADOR DE JADE LLAMÓ A SU EJÉRCITO.

¡ADELANTE, GENERAL! ¡ARRESTE A LOS CUATRO DRAGONES!

LOS CUATRO DRAGONES QUEDARON ATRAPADOS EN LAS MONTAÑAS.

PERO LOS DRAGONES NO SE OLVIDARON DE LA GENTE.

LOS DRAGONES SE CONVIRTIERON EN RÍOS QUE CRECIERON A LO LARGO DE LAS MONTAÑAS.

LOS RÍOS PASARON POR LAS ALDEAS. LOS RÍOS LE DIERON AGUA A LA GENTE POR SIEMPRE.

FINALMENTE, LOS RÍOS LLEGARON AL MAR. LOS DRAGONES HABÍAN REGRESADO A CASA.

ÁRBOL GENEALÓGICO

Emperador de Jade
Yu Huang
Gobernante del universo

Dios de las montañas
Tai-yue Da-di
Dios de la Tierra
y su gente

Dragones
Long-wang
Dios de las aguas

Dios de los océanos
Yi-qiang
Dios del mar
y del viento

Dragón Negro
Río Heilongjiang

Dragón Amarillo
Río Huang He

Dragón Largo
Río Zhujiang

Dragón Perla
Río Yangtze

GLOSARIO

agradecer Dar las gracias.

castigar Causar daño a alguien por un crímen que ha
cometido.

celebrar Marcar una ocasión especial con un evento.

compasivo Mostrar bondad.

despreocupados Que no se preocupan.

eternidad (la) Para siempre.

humilde De baja importancia o rango.

intrusión (la) Una visita no deseada.

majestad Palabra que se usa para dirigirse a un rey o
personaje importante.

proclamar Hacer una declaración.

sacrificio (el) Algo que se ha dejado de hacer, o que se hace,
en nombre de una creencia.

ÍNDICE

PÁGINAS EN INTERNET

Debido a los constantes cambios en los enlaces de Internet,
Rosen Publishing Group, Inc. mantiene una lista de sitios en
la red relacionados con el tema de este libro. Esta lista se
actualiza regularmente y puede ser consultada en el
siguiente enlace:
www.powerkidslinks.com/myth/dragons/